Magic W...
Ventanas mágicas

Cut-Paper Art and Stories by/Papel picado y relatos de
CARMEN LOMAS GARZA

As told to/Contados a
HARRIET ROHMER

Edited by/Editados por
DAVID SCHECTER

Spanish translation by/Traducidos al español por
FRANCISCO X. ALARCÓN

CHILDREN'S BOOK PRESS, AN IMPRINT OF LEE & LOW BOOKS INC.

NEW YORK

INTRODUCTION

Cut-paper art *(papel picado)* has a long history in Mexico, from the bark paper banners made thousands of years ago to the tissue paper cutouts you see today.

My grandmother taught me how to cut paper for embroidery designs when I was little. She's also the first person I saw making paper cutouts. I've been making them myself for twenty-seven years now. I started by cutting out simple designs with scissors. Later I began using a craft knife to create intricate designs like the pieces you see in this book.

These pieces are like magic windows. When you look through them, you can see into another world.

INTRODUCCIÓN

El papel picado tiene una larga historia en México, desde los estandartes de amate o papel de corteza de árbol de hace miles de años hasta el papel picado que vemos hoy.

Mi abuela me enseño cómo recortar papel para diseños de bordado cuando yo era pequeña. También fue la primera persona que vi hacer papel picado. Ahora ya llevo haciéndolos yo misma por veintisiete años. Comencé recortando diseños sencillos con tijeras. Después empecé a usar un estilete con navaja para crear diseños intrincados como las piezas que vemos en este libro.

Estas piezas son como ventanas mágicas. Cuando miramos a través de ellas, podemos ver otro mundo.

Nopal cactus

I've always loved to watch the work that people do with their hands. This is a close-up of my grandfather's hands cutting a nopal cactus. He's cutting the cactus and I'm cutting the paper.

I first did this as a painting. It was very different to do it as a paper cutout. All you have is a craft knife and a piece of paper, and everything has to connect. In this piece the cactus spines are the connectors. They hold the design together. Without them it would fall apart.

This is one of the first paper cutouts that I did. It's not very big. It measures fourteen by eight and a half inches. I started with small paper cutouts, then I made bigger ones.

Nopalitos

A mí siempre me ha gustado ver el trabajo que la gente hace con las manos. Aquí podemos ver de cerca las manos de mi abuelo que cortan un nopal. Él corta nopales y yo recorto papel.

Primero hice esto como una pintura. Fue muy diferente hacerlo como papel picado. Sólo tenemos un estilete con navaja y una hoja de papel, y todo tiene que conectar. En esta pieza las espinas del nopal son los conectores que sostienen junto a todo el diseño. Sin esto, se vendría abajo.

Éste es uno de los primeros papeles picados que hice. No es muy grande. Mide catorce por ocho y media pulgadas. Comencé con papeles picados chicos y luego los hice más grandes.

Ofrenda para Antonio Lomas

Éste es mi abuelo, Antonio Lomas, regando su maizal en su jardín.
También hay plantas de calabazas, ajos, chiles y nopales. Mi abuelo
todo el tiempo plantaba verduras que cultivaba para luego siempre
compartirlas con sus hijos e hijas y todos sus nietos.

Este papel picado es grande, mide cinco pies por ocho pies.
Tiene diez secciones que uní al conectarlas a una vara que colgué
del techo.

Offering for Antonio Lomas

This is my grandfather, Antonio Lomas, watering the corn in his garden. There's also squash and garlic, chile and nopales. He always had vegetables growing, and he would always share what he had grown with his sons and daughters and grandkids.

This paper cutout is big. It measures five feet by eight feet and has ten sections. I tied them together, attached them to a stick, and hung the stick from the ceiling.

I used to love helping my grandfather water his garden at the end of the day. It gave me a chance to be really close to him. If he wanted to talk with me, I was right there to listen to him. If I wanted to ask questions, he was there for me.

Me gustaba ayudar a mi abuelo a regar su jardín al final del día. Esto me daba la oportunidad de estar de veras muy cerca a él. Si él quería hablar conmigo, yo estaba ahí mismo para escucharlo. Si yo le quería preguntar algo, ahí estaba él para mí.

Baile en el día de los muertos

Estas piezas son para el Día de los Muertos, un importante día festivo en México. La gente cree que las almas de los muertos regresan a visitar a los vivos ese día. A los cementerios la gente lleva ofrendas de comida, flores, velas e incienso. Es una celebración solemne desde la mañana del primero de noviembre hasta la medianoche del 2 de noviembre. Después de medianoche, las almas están con nosotros y se hace una fiesta hasta el amanecer.

Dos esqueletos bailan afuera, bajo la luna llena, y hay dos calaveras que sonríen. Algunas personas quizás piensen que son espantosas, pero yo pienso que son chistosas.

La mayoría de la gente aquí le tiene miedo a la muerte, pero en México, la muerte es sólo otra parte del ciclo de la vida. Al honrar a los muertos, dejamos de temerle a la muerte.

Dance for the Day of the Dead

These pieces are for Day of the Dead, an important holiday in Mexico. People believe that the souls of the dead come back to visit the living on that day. At the cemeteries people bring offerings of food and flowers, and candles and incense. It's a solemn celebration from the morning of November 1st till midnight on November 2nd. After midnight, the souls are there with you, and it turns into a party, till sunrise.

Two skeletons are dancing outdoors, under the full moon, and there are two grinning skulls. Some people might think they're scary, but I think they're funny.

Most people here fear death, but in Mexico, death is just another part of the cycle of life. By honoring the dead, you conquer your fear of death.

Paper flowers

This is my mother, with the glasses. On the right is my grandmother. My sister Margie is sitting in between them. The little boy is my brother Arturo.

We're making paper flowers to decorate the tombstones for Day of the Dead. We would gather everybody together and take the flowers to the cemetery. We'd spend all day at the cemetery, cleaning the graves, painting the tombstones, and decorating them with the flowers. My grandparents and my parents would tell us stories about the person at each grave.

I'm standing next to my mother, asking her if this is the right way to start my flower. She always told me, "If you don't know something, don't be afraid to ask."

Flores de papel

Ésta es mi madre, con lentes. A la derecha está mi abuela. Mi hermana Margie está sentada en medio de ellas. El pequeño niño es mi hermano Arturo.

Estamos haciendo flores de papel para decorar las lápidas de las tumbas en el Día de los Muertos. Todos nos reunimos para llevar juntos las flores al cementerio. Pasamos todo el día en el cementerio, limpiando las tumbas, pintando las lápidas y decorándolas con flores. Mis abuelos y mis padres nos contaban historias sobre la persona en cada tumba.

Yo estoy parada al lado de mi madre, preguntándole si ésta era la manera cómo debo empezar mi flor. Ella siempre me decía: "Si no sabes algo, no tengas miedo de preguntar".

LITTLE TORTILLAS FOR MOTHER

Tortillas are very important in Mexico. How can you eat tacos without tortillas? How can you eat beans without tortillas?

Flour tortillas are my favorite kind because my mother always made them. She still does. It's more than just cooking with her. It's an act of love.

In this paper cutout, my mother's hands are rolling a tortilla with her rolling pin. You see the wheat, and fire to cook the tortillas. There's water to mix with the flour, and there's air. When you cook the tortillas, they fluff up because of the heat.

I learned a lot from my mother. I used to love to watch her cook, sew and do artwork. I would get so mesmerized that it seemed like the rest of the world fell away.

TORTILLITAS PARA MAMÁ

Las tortillas son muy importantes en México. ¿Cómo podemos comer tacos sin tortillas? ¿Cómo podemos comer frijoles sin tortillas?

Las tortillas de harina son mis favoritas porque mi madre siempre las hacía. Todavía se pone a hacerlas. Para ella es más que sólo cocinar. Es un acto de amor.

En este papel picado, las manos de mi madre están extendiendo una tortilla con un rodillo. Vemos el trigo y el fuego para cocinar las tortillas. Hay agua para echarle a la harina y también aire. Cuando cocinamos tortillas, éstas se inflan con el calor.

Yo aprendí mucho de mi madre. Me encantaba mirarla cocinar, coser y hacer artesanías. Me quedaba tan maravillada que parecía que el resto del mundo desaparecía.

Horned toads

This piece is in honor of the camaleones. We used to call them horned toads. Actually, they're not toads, they're lizards. They have spikes all over their bodies to protect themselves. They are very tough, but now their habitat has been destroyed by humans, and so today they are an endangered species.

My brothers used to catch them and keep them in a box. We didn't know that they can't survive that way. I hope that when kids see this picture, they'll learn that if they see a horned toad, they should leave it alone.

Camaleones

Esta pieza es en honor de los camaleones. Nosotros los llamábamos sapos cornudos. En realidad, no son sapos, son lagartijas. Tienen puntas por todo el cuerpo para protegerse.

Son muy resistentes, pero ahora el ambiente en que habitaban ha sido destruido por los humanos, y por eso, hoy son una especie en peligro de extinción.

Mi hermanos acostumbraban atraparlos y los guardaban en una caja. No sabíamos que así no podían sobrevivir. Espero que cuando los niños vean esta escena, aprendan que si ven uno de estos camaleones, lo dejen en paz.

14

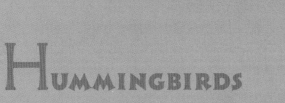

Hummingbirds

In ancient Mexico, people believed that when warriors died in battle, or when women died giving birth, their souls turned into hummingbirds. Hummingbirds are small, but very fierce.

In this piece, you can see a barbed wire fence that acts as a connector. The hummingbirds persist in crossing the fence to reach the sweet nectar of the cactus flowers.

In real life, the hummingbirds in south Texas cross the border to migrate to Mexico and return, just as people in the Southwest have been crossing the Rio Grande in both directions for thousands of years.

Colibríes

En el antiguo México, la gente creía que cuando los guerreros morían en una batalla o cuando las mujeres morían dando luz, sus almas se volvían colibríes. Los colibríes son pequeños pero muy valientes.

En esta pieza, podemos ver una cerca de alambre de púas que sirve de conector. Los colibríes persisten en cruzar la cerca para alcanzar el dulce néctar de las flores de nopal.

En la vida real, los colibríes del sur de Texas cruzan la frontera para migrar a México y regresar, tal como la gente del Suroeste ha estado cruzando el Río Grande en ambas direcciones por miles de años.

Fish

This is a scene of the waters around Tenochtitlán, the ancient Mexican capital city. The city was built on an island in a lake by the Aztecs. The water and the water grasses are the connectors.

The lake waters provided fish for the people to eat, and the water grasses were also eaten, like vegetables. The turtles were eaten, and the turtle shells were used as musical instruments, like drums. In ancient Mexico, all the animals and plants had a place in the culture.

The Aztecs had a great reverence for water because it was so important for sustaining life. We need to relearn this lesson today because sometimes we take water for granted.

Peces

Ésta es una escena de las aguas alrededor de Tenochtitlán, la antigua ciudad capital mexicana. La ciudad fue construida en una isla de un lago por los aztecas. El agua y las plantas acuáticas son los conectores.

Las aguas de lago le proveían peces a la gente para comer, y las plantas acuáticas también se las comían, como verduras. Las tortugas se las comían y usaban sus conchas como instrumentos musicales, como tambores. En el antiguo México, todos los animales y todas las plantas tenían un lugar en la cultura.

Los aztecas tenían mucha reverencia al agua porque era muy importante para el sustento de la vida. Nosotros necesitamos volver a aprender esta lección hoy en día porque a veces no tomamos en cuenta al agua.

18

Deer

Corn was the most important food in ancient Mexico, the greatest gift of the gods. There was a legend that said that the gods had made the people of this world out of corn.

A deer is hiding in the corn. First you see the corn, then you see some eyes peering out over the leaves. Then you start to see the horns and the ears, and finally you see the deer. In Mexican mythology, the deer, which symbolized nature, was closely connected to the corn.

I had to overlap the leaves so they would connect. I also used the cornsilk as connectors. You can see how the deer's throat is being touched by the cornsilk.

Venado

El maíz era el alimento más importante del antiguo México, el mayor regalo de los dioses. Había una leyenda que decía que los dioses habían hecho a la gente de este mundo de maíz.

Un venado se esconde entre el maíz. Primero vemos el maíz, luego nos damos cuenta que hay unos ojos que atisban entre las hojas. Luego empezamos a ver los cuernos y las orejas, y finalmente vemos el venado. En la mitología mexicana, el venado, que simbolizaba a la naturaleza, se asociaba estrechamente con el maíz.

Yo tuve que entrelazar las hojas para que se conectaran. También usé los pelos sedosos del maíz como conectores. Podemos ver cómo el cuello del venado es tocado por los pelos sedosos del maíz.

Turkey

Long before the Spaniards came to the Americas, and long before the Pilgrims, turkeys were raised in Mexico for food and feathers. The feathers were dyed and used in outfits for ceremonies. The turkey meat was used to make turkey mole, which was served as a food offering to the gods on special occasions.

Turkey mole is made with turkey, chocolate, corn meal, and different kinds of chiles and spices. The chiles are in the top right-hand corner. Chiles were grown in ancient Mexico, and they are still an important part of Mexican cooking today.

Guajolote

Mucho antes de que llegaran los españoles a la Américas, y mucho antes de los primeros colonizadores ingleses, los guajolotes eran criados en México por su carne y sus plumas. Las plumas eran teñidas y se usaban para vestuarios ceremoniales. La carne de guajolote se usaba para hacer mole de guajolote que se servía como ofrenda de comida a los dioses en ocasiones especiales.

El mole de guajolote se hace con guajolote, chocolate, harina de maíz y varios tipos de chiles y especias. Los chiles están en la esquina superior a la derecha. Los chiles eran cultivados en el antiguo México, y todavía son un importante componente de la comida mexicana de hoy.

ÁGUILA CON VÍBORA DE CASCABEL

En este papel picado podemos ver un águila sosteniendo una víbora de cascabel. Éste es el emblema nacional de México. Lo podemos ver en la bandera mexicana.

Según una antigua leyenda, los aztecas venían de un lugar llamado Aztlán. Anduvieron de un lugar a otro durante mucho tiempo, hasta que un día miraron un águila parada sobre un nopal, sosteniendo una víbora. Ésa era su señal que Tenochtitlán sería su nuevo hogar, donde la Ciudad de México se halla hoy.

EAGLE WITH RATTLESNAKE

In this paper cutout you see an eagle holding a rattlesnake. This is the national emblem of Mexico. You can see it on the Mexican flag.

According to an ancient legend, the Aztecs came from a place called Aztlán. They wandered southward for a long time, until one day they saw an eagle perched on a cactus, holding a snake. That was their sign that Tenochtitlán would be their new home, where Mexico City is today.

It was hard to figure out how to show the cactus, the mountains and the lakes, and still have it all connect. I ended up using the edge of the lake and the waves to connect the cactus to the mountains.

Fue difícil encontrar la manera de cómo mostrar el nopal, las montañas y los lagos, y hacer que todo se conectara. Terminé por usar la orilla del lago y las olas para conectar el nopal con las montañas.

25

Dance and painting

This is a close-up of a Mexican *jarabe tapatío* dancer. She is wearing a costume from the 1800s. This dance is still popular today.

The ribbons of the skirt are flowing across the picture to give you a sense of movement. The grid pattern on the floor holds it all together. The dancer is dancing, and my hands are painting the dancer. I wanted to create the feeling that you're looking through the magic window of my studio, watching me paint.

I've never done this dance, but I do Mexica dancing. That's the dance that was done in ancient Mexico, to honor our ancestors and the spirits of the natural world.

Baile y pintura

Aquí podemos ver de cerca a una danzante que baila el jarabe tapatío. Lleva puesto un vestido del siglo pasado. Este baile todavía es muy popular hoy en día.

Los listones de la falda fluyen a través del papel picado y nos dan un sentido de movimiento. Los diseños en forma cuadricular del piso es lo que sostiene unido a todo lo demás. Mientras la danzante baila, mis manos la pintan. Quería crear la sensación que ustedes miran a través de una ventana mágica de mi estudio y me ven pintando.

Nunca he hecho este baile, pero sí la danza mexica. Es una danza que se bailaba en el antiguo México para honrar a nuestros ancestros y a los espíritus del mundo natural.

Flowery words

The spoken word was very important in ancient Mexico. There was a whole school of training for speechmakers and poets. In ancient Mexican picture writing, a spiral coming out of the mouth meant speech. If the spiral had flowers, that meant beautiful speech.

In this piece, a woman is speaking, and the spiral coming out of her mouth is actually a dahlia plant. Water is flowing behind her, like the words flowing from her mouth.

When I was growing up, I was very shy and I didn't speak very much. I didn't learn to speak out until I was in college. My artwork helped me do that. It helped me find my voice, my flowery speech.

Palabras en flor

La palabra en voz viva era muy importante en el antiguo México. Había toda una escuela para entrenar a poetas y oradores. En la antigua escritura mexicana de pinturas, una espiral que sale de la boca significa el habla. Algunas veces a esta espiral le salen flores. Esto significa la forma más bella de hablar.

En esta pieza, una mujer está hablando y la espiral que le sale de la boca en realidad es una dalia. El agua fluye atrás de ella, como si las palabras fluyeran de su boca.

Cuando crecía, yo era muy tímida y no hablaba mucho. No aprendí a hablar en publico hasta que fui a la universidad. Mi arte me ayudó a hacer esto. Me ayudó a encontrar mi voz, mi floreciente forma de hablar.

28

MAKING PAPEL PICADO

This is me with my niece Maria Xochitl and my nephews Manuel and Victor. We're making tissue paper cutouts, sometimes called *"banderitas."*

I'm showing Manuel how to fold the paper and how to hold the scissors. Victor is watching carefully, just like I used to when I was his age. Maria Xochitl is looking at a paper cutout that she just finished. When I first taught her to make paper cutouts, she taught her classmates. She was only in the first grade!

Whenever we have a celebration, I like to get everybody together to help make the banderitas—especially the children. It gives me great pleasure to teach this beautiful art form to the next generation. It's my way of connecting them to our ancestors.

HACIENDO PAPEL PICADO

Ésta soy yo con mi sobrina María Xóchitl y mis sobrinos Manuel y Víctor. Estamos haciendo papel picado para formar lo que a veces llaman "banderitas".

Le demuestro a Manuel cómo se dobla el papel y cómo debe sostener las tijeras. Víctor nos observa con cuidado, del mismo modo como yo lo hacía cuando tenía su edad. María Xóchitl está mirando un papel picado que acabo de terminar. Cuando primero le enseñé a ella a hacer papel picado, ella misma les enseñó a sus compañeros de clase, y ¡estaba sólo en el primer grado!

Siempre que tenemos una celebración, a mí me gusta reunir a todos a que ayuden a hacer papel picado—especialmente a los niños. Me da mucho placer enseñarle esta forma de arte tan bella a la siguiente generación. Es mi manera de conectarlos con nuestros ancestros.

Photo: Steve Nelson

Carmen's installation at the Mexican Fine Arts Center Museum in Chicago in 1988, featuring the Ofrenda para Antonio Lomas, *the offering for her grandfather, Antonio Lomas.*

Special thanks to my husband, Jerry Avila Carpenter, for his love and support, and because he practices dancing with me before going to work.

—CLG

Children's Book Press is grateful to the SBC Foundation whose generous donation has supported the publication of *Magic Windows/Ventanas mágicas*.

Children's Book Press, an imprint of LEE & LOW BOOKS Inc., 95 Madison Avenue, New York, NY 10016
leeandlow.com

As told to Harriet Rohmer
Edited by David Schecter
Spanish translation by Francisco X. Alarcón
Book design by Katherine Tillotson
Book production by The Kids at Our House
Manufactured in China by Jade Productions, November 2014
10 9 8 7 6 5 4
First Edition

Library of Congress Cataloging-in-Publication Data
Lomas Garza, Carmen
    Magic Windows/cut-paper art and stories by Carmen Lomas Garza; as told to Harriet Rohmer; edited by David Schecter; Spanish translation by Francisco X. Alarcón = Ventanas mágicas/papel picado y relatos de Carmen Lomas Garza; contados a Harriet Rohmer; editados por David Schecter; traducidos al español por Francisco X. Alarcón.
        p. cm.   Text in English and Spanish.
    Summary: In Spanish and English, Carmen Lomas Garza portrays her family's Mexican customs through cut out paperwork.
    ISBN 978-0-89239-183-7 (paperback)
1. Mexican Americans—Social life and customs—Juvenile literature. 2. Mexican American families—Juvenile literature. 3. Lomas Garza, Carmen—Family—Juvenile literature. 4. Mexico—Social life and customs—Juvenile literature. 5. Paper work—Juvenile literature. 6. Spanish language materials—Bilingual—Juvenile literature.
[1. Mexico—Social Life and customs. 2. Lomas Garza, Carmen. 3. Paper work. 4. Handicraft. 5. Spanish language materials—Bilingual.] I. Rohmer, Harriet. II. Schecter, David. III. Title.
    E184.M5L59   1999   306.85'089'68—dc21   98-38379   CIP AC

FSC
www.fsc.org
MIX
Paper from responsible sources
FSC® C020691